Hoffnung

urania

Berühmte Zitate
Hoffnung

Alle in diesem Buch veröffentlichten Abbildungen sind urheberrechtlich geschützt und dürfen nur mit ausdrücklicher schriftlicher Genehmigung des Verlages und des Urhebers / der Urheberin gewerblich genutzt werden.

Die im Buch veröffentlichten Ratschläge wurden vom Verfasser sorgfältig erarbeitet und geprüft. Eine Garantie kann dennoch nicht übernommen werden, ebenso ist eine Haftung des Verfassers bzw. des Verlages und seiner Beauftragten für Personen-, Sach- und Vermögensschäden ausgeschlossen.

Bibliografische Information der Deutschen Bibliothek
Die Deutsche Bibliothek verzeichnet diese Publikation in der Deutschen Nationalbibliografie; detaillierte bibliografische Daten sind im Internet über http://dnb.ddb.de abrufbar.

© 2007 Urania Verlag, Stuttgart
in der Verlag Kreuz GmbH
Postfach 80 06 69, 70506 Stuttgart

www.urania-verlag.de

Alle Rechte vorbehalten.

Umschlaggestaltung: Behrend & Buchholz, Hamburg
Satz: Atelier Seidel – Verlagsgrafik, Teising
Druck: Westermann Druck, Zwickau
Printed in Germany

ISBN 978-3-332-01936-0

Inhalt

- Sei optimistisch! — 7
- Wunder geschehen — 27
- Zuversichtlich in die Zukunft — 47
- Verlier nicht den Mut! — 63

Vorwort

Liebe Leserin, lieber Leser,

hoffentlich ist die Prüfung gut bestanden! Hoffentlich bekomme ich den neuen Job! Hoffentlich klappt es mit der Wohnungssuche! Unser Leben wird bestimmt von kleineren und größeren Hoffnungen. Wer kennt es nicht, das Bangen und Zittern, bis man dann endlich die Gewissheit hat, dass alles gut wird? Wie schön sind da ein paar liebevolle Zeilen von Freunden.
Hier finden Sie berühmte Zitate rund um das Thema *»Hoffnung«*, denn wer optimistisch ist und erkennt, dass tagtäglich kleine Wunder geschehen, blickt zuversichtlich und mutig in die Zukunft.

�֎

Sei optimistisch!

Hoffnung, Hoffnung,
immer grün!
Wenn dem Armen alles fehlet,
alles weicht,
ihn alles quälet,
du, o Hoffnung,
labest ihn.

Johann Gottfried Herder

※

So oft die Sonne aufgeht,
erneuert sich mein Hoffen und bleibt,
bis sie untergeht,
wie eine Blume offen.

Gottfried Keller

※

Wer hofft, hat schon gesiegt
und siegt weiter.

Jean Paul

Alles, was in der Welt erreicht wurde,
wurde aus Hoffnung getan.

Martin Luther

※

Die Hoffnung ist ein Vorschuss
auf das zukünftige Glück.

Antoine de Rivaról

※

Die Hoffnung ist eine Form von Glück
und vielleicht sogar das größte Glück,
das diese Welt zu bieten hat.

Samuel Johnson

※

Man erfindet, man kauft,
man erbettelt,
ja man stiehlt Hoffnungen –
nur um Hoffnungen zu haben.

Emanuel Wertheimer

Die Realität hilft mir nicht immer,
aber die Hoffnung.

Ovid

※

Die Hoffnung nährt mich,
sie nährt ja die halbe Welt, und ich habe sie
mein Lebtag zur Nachbarin gehabt,
was wäre sonst aus mir geworden?

Ludwig van Beethoven

※

Wo Leben ist, da darf auch Hoffnung sein.

Henrik Ibsen

※

Die Hoffnung ist Geistes Atemholen;
und darum fängt der Mensch,
sobald ein Tausend getäuschter Hoffnungen
vollzählig ist, ein Tor aus Zwang,
das neue Tausend an.

Ernst Raupach

Eine frohe Hoffnung ist mehr wert
als zehn trockene Wirklichkeiten.

Franz Grillparzer

※

Der Mensch ist vor allen anderen Geschöpfen
ein auf Hoffnung gestelltes Wesen;
man könnte sagen,
es ist ein unsterblicher Geist
im Zustande der Hoffnung.

Friedrich von Schlegel

※

Die Hoffnung,
so trügerisch sie auch ist,
dient zumindest dazu,
uns zum Ende des Lebens
auf einem angenehmen Weg zu führen.

François Duc de La Rochefoucauld

Hoffnung: die Verquickung
von Wunsch und Erwartung.

Ambrose Gwinnet Bierce

※

Die Hoffnung ist die Blüte des Wunsches,
der Glaube die Frucht der Gewissheit.

Honoré de Balzac

※

Es ist noch nicht aller Tage Abend.

Livius Titus

※

Hoffnung ist das Ding mit Federn,
das in der Seele sitzt
und summt die alte Melodie
und höret niemals auf.

Emily Dickinson

※

Was dürfen wir hoffen?

Immanuel Kant

Ich halte die Hoffnung für die Verwechslung
einer erwünschten Begebenheit
mit ihrer Wahrscheinlichkeit.
> *Arthur Schopenhauer*

※

Es ist unmöglich, dass ein Mensch in die Sonne
schaut, ohne dass sein Angesicht hell wird.
> *Friedrich von Bodelschwingh*

※

Viel Hoffnung treibt mit Jugendglühn
noch oft aus greisen Lebens Schoß
und macht die letzten Kräfte grün,
wie an dem morschen Stamm das Moos.
> *Wilhelm Müller*

※

Normalerweise eilen die Gedanken eines Menschen
nicht von Vergnügen zu Vergnügen,
sondern von Hoffnung zu Hoffnung.
> *Samuel Johnson*

Hoffnung wird manchmal geacht
als ein Traum bei dem, der wacht.

Friedrich von Logau

※

Das Schönste, was wir in der Vergangenheit
angetroffen haben, ist die Hoffnung.

Jean Paul

※

Die Hoffnung ist ein Wachtraum.

Aristoteles

※

Für trügende Hoffnungen entschädigen oft
trügende Erinnerungen.

Peter Sirius

※

Die Hoffnung ist ein gutes Frühstück,
aber ein schlechtes Abendbrot.

Francis Bacon

Hoffnung ist ein Jagdhund,
der die Spur verloren hat.

William Shakespeare

※

Optimismus ist die extremste Form
der Verwegenheit.

Anatole France

※

Mangel an Optimismus
ist Mangel an Wunschkraft.

Franz Marc

※

Der Optimist sieht eine Rose,
nicht aber ihre Dornen.

Khalil Gibran

※

Ich bin Pessimist für die Gegenwart,
aber Optimist für die Zukunft.

Wilhelm Busch

Die Gewohnheit, jedes Geschehnis
von seiner besten Seite anzusehen, ist mehr
wert als tausend Pfund Sterling im Jahr.

Samuel Johnson

※

Der Optimist wird stets am besten fahren,
weil er, geht alles gut, recht behält,
geht's aber schlecht, hat er sich nicht gequält
mit Dingen, die doch unvermeidlich waren.

Johann Wolfgang von Goethe

※

Die wahren Optimisten sind nicht überzeugt,
dass alles gut gehen wird, aber sie sind überzeugt, dass nicht alles schief gehen kann.

Friedrich von Schiller

※

Ein Anfang ist kein Meisterstück,
doch guter Anfang halbes Glück.

Anastasius Grün

Optimisten wandeln auf der Wolke,
unter der die Pessimisten Trübsal blasen.

Charles Joseph von Ligne

※

Ein Optimist ist ein Mensch,
der ein Dutzend Austern bestellt,
in der Hoffnung, sie mit einer Perle,
die er darin findet, bezahlen zu können.

Theodor Fontane

※

Der meiste Schatten in unserem Leben rührt
daher, dass wir uns selbst in der Sonne stehen.

Ralph Waldo Emerson

※

Der Optimismus ist der wahre Stein
der Weisen, der in Gold verwandelt,
was immer er berührt.

Jean Etienne Chaponnière

Frisch gewagt ist halb gewonnen.
Ovid

※

Und plötzlich weißt du:
Es ist Zeit, etwas Neues zu beginnen
und dem Zauber des Anfangs zu vertrauen.
Meister Eckhart

※

Lächelt im Bewusstsein,
dass es einen Frühling gibt,
der in eure Gärten kommt,
um in euren Blättern zu tanzen,
und einen Herbst,
der eure Trauben reifen lässt.
Khalil Gibran

※

Wer sucht, findet nicht,
wer nicht sucht, wird gefunden.
Franz Kafka

Bleibt hoffen – bis es besser wird!
> *Vergil*

Je törichter dein Hoffen, umso fester.
> *Marie von Ebner-Eschenbach*

※

Hoffen heißt,
an das Abenteuer der Liebe zu glauben.
> *Dom Helder Pessoa Camara*

※

O glücklich, wer noch hoffen kann,
aus diesem Meer des Irrtums aufzutauchen.
> *Johann Wolfgang von Goethe*

※

Denn Liebe, sagt man,
ist nur Hoffen und wird, gewährt,
vom Tod betroffen.
> *Karl Leberecht Immermann*

Wenn uns der Morgen
nicht zu neuen Freuden weckt,
am Abend uns keine Lust zu hoffen übrig bleibt,
ist's wohl des An- und Ausziehens wert?

Johann Wolfgang von Goethe

※

Wer im zwanzigsten Jahr nicht schön,
im dreißigsten Jahr nicht stark,
im vierzigsten Jahr nicht klug,
im fünfzigsten Jahr nicht reich ist,
der darf danach nicht hoffen.

Martin Luther

※

Im neuen Jahr ein neues Hoffen,
die Erde wird noch immer grün;
auch dieser März bringt Lerchenlieder,
auch dieser Mai bringt Rosen wieder,
auch dieses Jahr lässt Freude blühn.

Karl Gerok

Und was immer die innere Stimme spricht,
das täuscht die hoffende Seele nicht.

Friedrich von Schiller

※

Der Glaube, der am Anfang eines zweifelhaften Vorhabens steht, ist ausschlaggebend für das Gelingen des Unternehmens.

William James

※

Geschieht wohl, dass man einen Tag
weder sich noch andre leiden mag,
will nichts dir nach dem Herzen ein;
sollt's in der Kunst wohl anders sein?
Drum hetze dich nicht zur schlimmen Zeit;
denn Füll' und Kraft sind nimmer weit:
Hast in der bösen Stund geruht,
ist dir die gute doppelt gut.

Johann Wolfgang von Goethe

Handle – und das Geschick selbst beugt sich!

Ralph Waldo Emerson

※

Die Hoffnung führt ihn ins Leben ein,
sie umflattert den fröhlichen Knaben,
den Jüngling locket ihr Zauberschein,
sie wird mit dem Greis nicht begraben;
denn beschließt er im Grabe den müden Lauf,
noch am Grabe pflanzt er die Hoffnung auf.

Friedrich von Schiller

※

Die Hoffnung freuet manchen Mann,
der Herzensfreude nie gewann.

Freidank

※

Freut euch des Lebens,
weil noch das Lämpchen glüht!
Pflücket die Rose,
eh' sie verblüht!

Johann Martin Usteri

Was wäre das Leben ohne Hoffnung!

Friedrich Hölderlin

※

Wenn die Hoffnung uns verlässt,
geht sie, unser Grab zu graben.

Carmen Sylva

※

Auch der demütigste Mensch glaubt
und hofft innerlich mehr,
als er auszusprechen wagt.

Gottfried Keller

※

Wenn man auch allen Sonnenschein wegstreicht,
so gibt es doch noch den Mond
und die hübschen Sterne
und die Lampe am Winterabend.
Es ist so viel schönes Licht in der Welt.

Wilhelm Raabe

O zarte Sehnsucht, süßes Hoffen,
der ersten Liebe goldne Zeit!
Das Auge sieht den Himmel offen,
es schwelgt das Herz in Seligkeit.
O dass sie ewig grünen bliebe,
die schöne Zeit der ersten Liebe!

Friedrich von Schiller

※

Was eine Kinderseele
aus jedem Blick verspricht!
So reich ist doch an Hoffnung
ein ganzer Frühling nicht.

*August Heinrich
Hoffmann von Fallersleben*

※

Die Liebe kann, wie das Feuer,
nicht ohne ständigen Antrieb bestehen;
sie hört auf zu leben, sobald sie aufhört
zu hoffen oder zu fürchten.

François Duc de La Rochefoucauld

Es gibt ein Auge der Seele.
Mit ihm allein kann man die Wahrheit sehen.

Platon

※

Wir sollten stets eingedenk sein,
dass der heutige Tag nur einmal kommt
und nimmer wieder.

Arthur Schopenhauer

※

So komme, was da kommen mag!
Solange du lebest, ist es Tag.

Theodor Storm

※

Zweitehe: der Triumph der Hoffnung
über die Erfahrung.

Samuel Johnson

※

Die Hoffnung ist es, die die Liebe nährt.

Ovid

Doch noch leuchtet uns die Hoffnung
für unsere geliebte Liebe, lass uns sie pflegen
und erhalten, solange wir nur können.
Eine Stunde, voll Seligkeit des Wiedersehens
und Hoffnung in der Brust, sind genug,
ihr Leben auf Monate zu erhalten.

Susette Gontard

※

Geben und nehmen kann uns das Glück,
was wir hoffen und lieben;
aber die Hoffnung beherrscht,
so wie die Liebe, das Glück.

Friedrich Ludewig Bouterweck

※

Wer verliebt ist, seufzt und hofft
und glaubt und jauchzt.

Christian Dietrich Grabbe

Wunder geschehen

Wir können Orte schaffen helfen,
von denen der helle Schein der Hoffnung
in die Dunkelheit der Erde fällt.

Friedrich von Bodelschwingh

※

Die Hoffnung sieht, was noch nicht ist,
aber doch werden wird.

Charles Pierre Péguy

※

Die größten Menschen sind jene,
die anderen Hoffnung geben können.

Jean Jaurés

※

Nichts hält die wahre Hoffnung auf.
Sie fliegt mit Schwalbenflügeln.

William Shakespeare

※

Hoffnung gießt in Sturmnacht Morgenröte.

Johann Wolfgang von Goethe

Sich der unvermuteten Vorfälle
im Leben so zu seinem Vorteil zu bedienen
wissen, dass die Leute glauben,
man habe sie vorhergesehen und gewünscht,
heißt oft Glück.

Georg Christoph Lichtenberg

※

Wunder stehen mit naturgesetzlichen
Wirkungen in Wechsel: Sie beschränken
einander gegenseitig und machen zusammen
ein Ganzes aus. Sie sind vereinigt, indem sie
sich gegenseitig aufheben.
Kein Wunder ohne Naturbegebenheit
und umgekehrt.

Novalis

※

Solange Herz und Auge offen,
um sich am Schönen zu erfreun,
solange darf man freudig hoffen,
wird auch die Welt vorhanden sein.

Wilhelm Busch

Ein gutes liebes Wort ist immer ein Lichtstrahl,
der von Seele zu Seele geht.

Hans Thoma

※

Die Macht des Wunders
ist nichts anderes
als die Macht der Einbildungskraft.

Anselm Feuerbach

※

Um Wunder zu erleben, muss man an sie glauben.

Carl Ludwig Schleich

※

Du musst glauben, du musst wagen,
denn die Götter leihn kein Pfand;
nur ein Wunder kann dich tragen
in das schöne Wunderland.

Friedrich von Schiller

Das Wunder ist des Glaubens liebstes Kind.

Johann Wolfgang von Goethe

Daran glauben, das ist das Wunder!

Emanuel Wertheimer

Die größten Wunder
gehen in der größten Stille vor sich.

Wilhelm Raabe

※

Alle Wunder sind tägliche Begebenheiten,
stündliche Erfahrungen des Lebens mit Gott.

Johann Georg Hamann

※

Wunder geschehen plötzlich.
Sie lassen sich nicht herbeiwünschen,
sondern kommen ungerufen,
meist in den unwahrscheinlichsten Augenblicken
und widerfahren denen,
die am wenigsten damit gerechnet haben.

Georg Christoph Lichtenberg

Immer fängt das Wunder an mit Gottes stiller Tat.

Friedrich von Bodelschwingh

※

Ein Wunder ist die Welt,
das nie wird ausgewundert,
das niederschlägt den Geist
und wieder ihn ermuntert.

Friedrich Rückert

※

Leg's dem Leben nicht zur Last,
dünkt sein Wert dir Plunder!
Wenn du Märchenaugen hast,
ist die Welt voll Wunder.

Victor Blüthgen

※

Schöner selbst als der vollste Besitz
ist die Erwartung des Glücks.

Emanuel Geibel

Was plötzlich kommt,
hat stets des Wunders Kraft.

Ernst Raupach

※

Es gibt kein Wunder für den,
der sich nicht wundern kann.

Marie von Ebner-Eschenbach

※

Hoffnung auf Genuss
ist fast so viel als schon genossne Hoffnung.

William Shakespeare

※

Ein Wesen regt sich leicht und ungezügelt:
Aus Wolkendecken, Nebel, Regenschauer
erhebt sie uns, mit ihr, durch sie beflügelt.
Ihr kennt sie wohl, sie schwärmt durch alle
Zonen – ein Flügelschlag –
und hinter uns Äonen!

Johann Wolfgang von Goethe

In den Ozean schifft mit tausend Masten
der Jüngling;
still, auf gerettetem Boot,
treibt in den Hafen der Greis.

Friedrich von Schiller

※

Im Leben ist's wie im Himmel:
Eben dadurch, dass Sternbilder auf der einen
Seite untersinken, müssen neue
auf der anderen herauf.

Jean Paul

※

Es gibt eine wichtige Zeit: den Augenblick;
sie ist darum die wichtigste, weil man nur in ihr
Gewalt über sich hat. Es gibt einen wichtigsten
Menschen: den, mit dem du im Augenblick
zusammen bist. Und deine wichtigste Aufgabe
ist, ihm Gutes zu tun.

Leo N. Tolstoi

Hoffnung und Freude sind die besten Ärzte.

Wilhelm Raabe

※

Alles, was schön ist, bleibt schön,
auch wenn es welkt.

Maxim Gorki

※

Jeder, der sich die Fähigkeit erhält,
Schönes zu erkennen, wird nie alt werden.

Franz Kafka

※

Musik und Rhythmus finden ihren Weg
zu den geheimen Plätzen der Seele.

Platon

※

Du brauchst nur zu lieben
und alles ist Freude.

Leo N. Tolstoi

Aufgeregte Gemüter zittern vor Hoffnung
und Furcht.

Ovid

❋

Die Liebe lässt uns an Dinge glauben,
denen wir sonst mit größtem Misstrauen
begegnen würden.

Pierre Carlet de Chamblain
de Marivaux

❋

Überall ist Wunderland.
Überall ist Leben.
Bei meiner Tante im Strumpfenband
wie irgendwo daneben.

Joachim Ringelnatz

❋

Der Mensch braucht Wünsche.

Claude-Adrien Helvetius

Alles trifft im Leben ein, sogar das,
was man sich wünscht.

Bernard Le Bovier de Fontenelle

※

Ich bin zu alt,
um nur zu spielen,
zu jung,
um ohne Wunsch zu sein.

Johann Wolfgang von Goethe

※

In der Fähigkeit, einen edlen Wunsch intensiv
und heiß zu nähren, liegt etwas wie Erfüllung.

Marie von Ebner-Eschenbach

※

Nichts ist erquickender als von unseren
Wünschen zu reden, wenn sie schon in
Erfüllung gehn.

Novalis

Gib deinem Wunsche Maß und Grenze,
und dir entgegen kommt das Ziel.

Theodor Fontane

※

Jeder Wunsch, gedacht oder geäußert,
bringt das Gewünschte näher, und zwar im
Verhältnis zur Intensität des Wunsches.

Prentice Mulford

※

Es ist aber Naturgesetz,
dass das Herz nicht ruht,
bis es ans Ziel seiner Wünsche
gelangt ist.

Francesco Petrarca

※

Alle gut verfolgten Dinge
hatten bisher Erfolg.

Friedrich Nietzsche

Zur Wahrscheinlichkeit gehört auch,
dass das Unwahrscheinliche eintreten kann!

Aristoteles

※

Man darf nicht das,
was uns unwahrscheinlich und unnatürlich
erscheint, mit dem verwechseln,
was absolut unmöglich ist.

Carl Friedrich Gauß

※

Wenn wir alles täten,
wozu wir imstande sind,
würden wir uns wahrscheinlich
in Erstaunen versetzen.

Thomas Alva Edison

※

Das Schönste im Leben ist der Wunsch,
das Nächstschönste die Erfüllung.

Margaret Mitchell

Unerfüllbare Wünsche werden als »fromme«
bezeichnet. Man scheint anzunehmen,
dass nur die profanen in Erfüllung gehen.

Marie von Ebner-Eschenbach

※

Der Welten Kleinstes ist auch wunderbar
und groß. Und aus dem Kleinen
bauen sich die Welten.

Christian Gottfried Ehrenberg

※

Weiß noch keiner, was ihm frommt
hier auf dunklem Pfade.
Keiner zwingt das Glück, es kommt
unverhofft als Gnade.

Friedrich Martin von Bodenstedt

※

Das Beginnen wird nicht belohnt,
einzig und allein das Durchhalten.

Katharina von Siena

Wenn man zuversichtlich seinen Träumen folgt,
und sich bemüht, so zu leben,
wie man es sich vorgestellt hat,
wird man unerwartet von Erfolg gekrönt.

Henry David Thoreau

※

Unablässiges Mühen bezwingt alles,
bringt alles fertig.

Vergil

※

Es ist kein Mensch, der nicht schon unerwartet
Gutes erlebt hätte. Das halte ich dir vor
und du wirst nicht an der Zukunft verzweifeln.
Die Erinnerung wird – wie sie ein Dichter
nannte – die Ernährerin der Hoffnung werden.

Ernst von Feuchtersleben

※

Mit Ausdauer erreichte die Schnecke die Arche.

Charles Haddon Spurgeon

Ausdauer wird früher oder später belohnt.
Meist später.

Wilhelm Busch

※

Große Zeit ist's immer nur,
wenn's beinahe schief geht,
wenn man jeden Augenblick fürchten muss:
Jetzt ist alles vorbei. Da zeigt sich's.
Courage ist gut, aber Ausdauer ist besser.
Ausdauer, das ist die Hauptsache.

Theodor Fontane

※

Steter Tropfen höhlt den Stein.

Ovid

※

Kleine Gelegenheiten
sind oftmals der Beginn
von großen Unternehmungen.

Demosthenes

Jedem Nachteil steht ein Vorteil gegenüber.

W. Clement Stone

※

Eine wahrscheinliche Unmöglichkeit
ist immer einer wenig überzeugenden
Möglichkeit vorzuziehen.

Aristoteles

※

Was uns als eine schwere Prüfung erscheint,
erweist sich oft als Segen.

Oscar Wilde

※

Die Möglichkeit des Siegens
darf man nicht bei anderen suchen,
sondern muss sie in sich selber finden.

Lü Bu We

Man hat gesagt, dass die Schönheit ein
Versprechen von Glück ist. Umgekehrt kann
auch die Möglichkeit der Freude
der Beginn von Schönheit sein.

Marcel Proust

※

Das Schicksal gibt einem Menschen nicht die
Möglichkeit, sich auszuzeichnen.
Es gilt, die Gelegenheit beim Schopf zu packen
und nicht auf die nächste zu hoffen.

Christine von Schweden

※

Es steigt der Mut mit der Gelegenheit.

William Shakespeare

※

Der Anfang aller Weisheit,
ist die Verwunderung.

Aristoteles

Liebe ist der Grund der Möglichkeit der Magie.

Novalis

※

Hoffnung, welcher Art auch immer,
besteht zu Recht,
wenn sie auf Verdienst fußt.

Ovid

※

Zwischen dem Elend und dem Glücke
gähnt eine tiefe Kluft.
Die Hoffnung schlägt darüber eine Brücke,
aber sie hängt in der Luft.

Heinrich Leuthold

※

Begehren
verbunden mit der Erwartung,
das Gewünschte zu erlangen,
nennt man Hoffnung.

Thomas Hobbes

Hoffnung, Freiheit und Gelegenheit
sind die Voraussetzungen für den Erfolg.

Alfred Marshall

※

Liegt dir gestern klar und offen,
wirst du heute kräftig, frei;
darfst auch auf ein Morgen hoffen,
das nicht minder glücklich sei!

Johann Wolfgang von Goethe

※

Die Hoffnung durch einen Stern ausdrücken,
die Sehnsucht der Seele
durch einen strahlenden Sonnenuntergang.

Vincent van Gogh

※

Ich bin nicht entmutigt,
weil jeder als falsch verworfene Versuch
ein weiterer Schritt vorwärts ist.

Thomas Alva Edison

Zuversichtlich in die Zukunft

Alle, die ihr eine Ernte wollt,
setzet eine Hoffnung nicht bloß voraus,
sondern handelt nach ihr.

Jean Paul

※

Hoffnung ist der Kampf der Seele,
die von dem, was vergänglich ist, losbricht
und ihre Zeitlosigkeit bezeugt.

Herman Melville

※

Die Hoffnung trübt das Urteil,
aber sie stärkt die Ausdauer.

Edward George Bulwer-Lytton

※

Die Welt wird alt und wieder jung,
doch der Mensch hofft immer
auf Verbesserung.

Friedrich von Schiller

Der aber ist der Beste,
der der Hoffnung sich vertraut allzeit!
Verzagtheit kennt der Feige nur.

Euripides

※

Entferne die Hoffnung
aus dem Herzen des Menschen
und du machst ihn zum wilden Tier.

Ovid

※

Die Hoffnung dient dazu,
uns das Leben zu erwärmen,
zu erhellen.

François Duc de La Rochefoucauld

※

Die Kürze des Lebens verbietet uns,
lange Hoffnungen zu haben.

Horaz

Die Hoffnung guter Menschen
sind Prophezeiungen,
die Besorgnisse schlechter
sind es auch.

Ludwig Börne

※

Die Lampe der Hoffnung ist nicht davon abhängig, dass ihr von außen Öl zugeführt wird. Ihr Licht wird durch die Gnade Gottes gespeist.

Charles Haddon Spurgeon

※

Hoffnung ist die geistige Freude,
die jeder bei dem Gedanken an den
vorteilhaften künftigen Genuss eines Dings,
das ihn zu erfreuen vermag,
innerlich empfindet.

John Locke

※

Man muss Hoffnung schenken an Gott.

Charles Pierre Péguy

Wenn wir aufhören, lebhaft zu hoffen,
fangen wir an, uns lebhaft zu erinnern.

Marie von Ebner-Eschenbach

※

Hoffen heißt:
die Möglichkeit des Guten erwarten;
die Möglichkeit des Guten ist das Ewige.

Søren Kierkegaard

※

Das Wenn ist das lenkbarste Reittier
der Hoffnung.

Honoré de Balzac

※

Nichts ist so schlimm,
wie wir fürchten,
nichts so gut,
wie wir hoffen.

Theodor Herzl

Wir wollen in der Freude
nicht die Gottesfurcht vergessen
und im Leid die Hoffnung niemals aufgeben.

Gregor von Nazianz

❋

Die Armut und die Hoffnung sind Mutter
und Tochter. Indem man sich mit der Tochter
unterhält, vergisst man die andere.

Jean Paul

❋

Man soll von keinem Menschen die Hoffnung
aufgeben, dass er sich nicht ändern kann,
aber der Mangel an Kraft
wird am allerschwersten gebessert.

Gustav Freytag

❋

Die Hoffnung ist eine Anleihe
auf das Glück.

Joseph Joubert

Es ist gesünder, nichts zu hoffen
und das Mögliche zu schaffen,
als zu schwärmen und nichts zu tun.

Gottfried Keller

※

Der echte Mann hat,
wenn ihm eine Hoffnung fehlschlägt,
nur eine Freude weniger,
keinen Schmerz mehr.

Friedrich Hebbel

※

Die Hoffnung ist ein Regenbogen
über dem herabstürzenden Bach des Lebens.

Friedrich Nietzsche

※

Wie die Schienbeine
darf man auch die Hoffnung nicht
zu weit ausstrecken.

Epiktet

Notwendigerweise sind die kleinsten Dinge
die Anfänge der größten.

Publius Syrus

❋

Man kann gar nicht oft genug im Leben das
Gefühl des Anfangs in sich aufwecken,
es ist so wenig äußere Veränderung dafür nötig,
denn wir verändern ja die Welt von unserem
Herzen aus, will dieses nur neu und unermess-
lich sein, so ist sie sofort wie am Tage ihrer
Schöpfung und unendlich.

Rainer Maria Rilke

❋

Ich fange an, wo der letzte Mann aufgehört hat.

Thomas Alva Edison

❋

Hast du etwas angefangen, gibt es nicht auf,
sondern führe es zu Ende.

Leo N. Tolstoi

Man darf das Schiff
nicht an einen einzigen Anker
und das Leben
nicht an eine einzige Hoffnung binden.

Epiktet

※

Alles ist schwer, bevor es leicht ist.

Thomas Fuller

※

Der Anfang ist die Hälfte des Ganzen.

Aristoteles

※

Des Schweines Ende
ist der Wurst Anfang.

Wilhelm Busch

※

Schwerer Anfang ist zehnmal heilsamer
als leichter Anfang.

Jeremias Gotthelf

Aller Anfang ist heiter,
die Schwelle ist der Platz der Erwartung.

Johann Wolfgang von Goethe

✻

Was immer du tun kannst
oder wovon du träumst – fang damit an.
Mut hat Genie, Kraft und Zauber in sich.

Johann Wolfgang von Goethe

✻

Das ganze Leben
ist ein ewiges Wiederanfangen.

Hugo von Hofmannsthal

✻

Man kann sich in allen Lebenslagen
so oder so entscheiden,
gefährlichen Dingen ausweichen
oder ihnen mit verdoppelter Kraft widerstehen.

Germaine de Staël

Ein tapferer Sinn
verwandelt große Katastrophen in kleine.

Demokrit

*

Jeder Mensch sollte sich
an seinem eigenen Maßstab messen.

Horaz

*

Leben, das heißt hoffen und warten.

Étienne Pivert de Sénancour

*

Geduld ist nichts anderes
als die Kunst zu hoffen.

Luc de Clapiers Marquis de Vauvenargues

*

Die Zeit bringt Rat. Erwartet's in Geduld!
Man muss dem Augenblick auch was vertrauen.

Friedrich von Schiller

Was kommt im neuen Jahr,
kannst nit durchschauen,
musst hoffen und auf Gott vertrauen.

Martin Luther

※

Die wesentlichen Dinge,
um in diesem Leben Glück zu erlangen, sind:
etwas zu vollbringen, etwas zu lieben
und auf etwas zu hoffen.

Joseph Addison

※

Wir müssen Hoffnung haben,
um die Zukunft zu genießen.
Wir wollen lieber eine schlimme Gegenwart
mit schöner Aussicht als umgekehrt.

Jean Paul

※

Wie es auch sei, das Leben, es ist gut.

Johann Wolfgang von Goethe

Alle Dinge will Gott lebendig machen!
O Freude! Welche Aussicht, welche Hoffnung!

Johann Kasper Lavater

❊

Es ist kein besserer Sporn zur Tugend möglich als die Aussicht auf ein nahes Glück, und kein schönerer und edlerer Weg zum Glück denkbar als der Weg der Tugend.

Heinrich von Kleist

❊

Warum nun wieder erblickt man in der Jugend das Leben, welches man noch vor sich hat, so unabsehbar lang? Weil man Platz haben muss für die grenzenlosen Hoffnungen, mit denen man es bevölkert.

Arthur Schopenhauer

❊

Der Lebende soll hoffen.

Johann Wolfgang von Goethe

Hast du bei einem Werk
den Anfang gut gemacht,
das Ende wird gewiss
nicht minder glücklich sein.

Sophokles

※

Die Hoffnung befeuert den Weisen,
aber sie narrt den Vermessenen
und den Trägen, die gedankenlos auf ihren
Versprechungen ausruhen.

*Luc de Clapiers Marquis
de Vauvenargues*

※

Nachsichtige Verachtung
mit seelischer Heiterkeit zu verbinden,
ist die beste Philosophie
für den Lauf der Welt.

Nicholas Chamfort

Jede Hoffnung ist eigentlich eine gute Tat.

Johann Wolfgang von Goethe

※

Die Hoffnung ist eine leichte,
aber nahrhafte Kost.

Honoré de Balzac

※

Etwas fürchten und hoffen und sorgen
muss der Mensch für den kommenden Morgen,
dass er die Schwere des Daseins ertrage
und das ermüdende Gleichmaß der Tage.

Friedrich von Schiller

※

Mit den Flügeln der Zeit
fliegt die Traurigkeit davon.

Jean de La Fontaine

※

Die Hoffnung hilft uns leben.

Johann Wolfgang von Goethe

In einem guten Wort
ist genügend Wärme für drei Winter.

Laotse

※

Der Himmel hat den Menschen als Gegengewicht zu den vielen Möglichkeiten des Lebens drei Dinge gegeben: die Hoffnung,
den Schlaf und das Lachen.

Immanuel Kant

※

Was wäre das Leben ohne Hoffnung?
Ein Funke, der aus der Kohle springt
und verlischt.

Friedrich Hölderlin

※

Wir wollen in der Freude
nicht der Gottesfurcht vergessen
und im Leid
die Hoffnung niemals aufgeben.

Gregor von Nazianz

Verlier nicht den Mut

Wirf den Helden in deiner Seele nicht weg.
Halte heilig deine größte Hoffnung.

Friedrich Nietzsche

※

So weit die Sonne leuchtet,
ist die Hoffnung auch.

Friedrich von Schiller

※

O blicke, wenn den Sinn dir will
die Welt verwirren,
zum ew'gen Himmel auf,
wo nie die Sterne irren.

Friedrich Rückert

※

Es gibt keine Hoffnung ohne Angst
aber auch keine Angst ohne Hoffnung.

Baruch de Spinoza

Wenn du nicht hoffst,
wirst du nie herausfinden,
was hinter deinen Hoffnungen steckt.

Klemens von Alexandria

※

Ein Mensch hofft, solange er lebt,
erst die Toten hoffen nicht mehr.

Theokrit

※

Wer nicht hofft,
wird Unerhofftes nicht finden;
denn es ist unaufspürbar
und unzugänglich.

Herklit

※

Im Elend bleibt kein anderes Heilungsmittel
als Hoffnung nur.

William Shakespeare

Verzage nicht, wenn ab die welke Hoffung fiel:
Die neue schon erhebt sich jung
auf frischem Stiel.

Friedrich Rückert

※

Gegen die schlechte Stimmung:
Mit der Hoffnung zu reisen ist besser,
als das Ziel zu erreichen.

Robert Louis Stevenson

※

Dass die Wogen sich senken und heben,
das eben ist dieses Meeres Leben,
und dass es hofft von Tag zu Tag,
das ist des Herzens Wellenschlag.

Friedrich Rückert

※

Die Hoffnung mag eintreffen oder nicht,
so hat sie doch das Gute,
dass sie die Furcht verdrängt.

Jean Paul

Hoffnung ist die zweite Seele
der Unglücklichen.

Johann Wolfgang von Goethe

❋

Hoffnung erhält den größten Teil
der Menschheit.

Sophokles

❋

Wir können wohl das Glück entbehren,
aber nicht die Hoffnung.

Theodor Storm

❋

Vergiss nicht,
dass jede Wolke,
so schwarz wie sie ist,
dem Himmel zugewandt,
doch ihre Sonnenseite hat.

Friedrich Wilhelm Weber

Wir hoffen immer,
und in allen Dingen ist besser hoffen
als verzweifeln.

Johann Wolfgang von Goethe

※

Es ist die Hoffnung,
die den schiffbrüchigen Matrosen
mitten im Meer veranlasst,
mit seinen Armen zu rudern,
obwohl kein Land in Sicht ist.

Ovid

※

Der Mensch verzweifelt leicht,
aber im Hoffen ist er doch noch größer.

Theodor Fontane

※

Glaube, Liebe, Hoffnung:
glaube! liebe Hoffnung!

Friedrich Hebbel

Das letzte, was man verliert,
ist die Hoffnung.

Pietro Metastasio

※

Wenn der Winter naht –
kann dann der Frühling fern sein?

Percy Bysshe Shelley

※

Schlägt dir die Hoffnung fehl,
nie fehle dir das Hoffen!
Ein Tor ist zugetan,
doch tausend sind noch offen.

Friedrich Rückert

※

Die Entfernung ist unwichtig.
Nur der erste Schritt ist schwierig.

Marie Anne Marquise du Deffand

Was du mit Glauben und Mut begonnen hast,
das hilft dir Gott vollenden.

Christoph Martin Wieland

※

Verlöscht der Glaube an Gott,
wird es Nacht in der Seele des Menschen.

Alphonse de Lamartine

※

Der Glaube, senfkorngroß,
versetzt den Berg ins Meer:
Denkt, was er könnte tun,
wenn er ein Kürbis wär.

Angelus Silesius

※

Erst müssen wir glauben,
dann glauben wir.

Georg Christoph Lichtenberg

Du kannst Notwendigkeiten nicht entfliehen.
Du kannst sie aber besiegen.

Seneca

※

Lass dich das Zukünftige nicht anfechten!
Du wirst, wenn's nötig ist, schon hinkommen,
getragen von derselben Geisteskraft,
die dich das Gegenwärtige beherrschen lässt.

Marc Aurel

※

Gegen den Strom der Zeit
kann zwar der Einzelne nicht schwimmen,
aber wer Kraft hat, hält sich
und lässt sich von demselben nicht fortreißen.

Johann Gottfried Seume

※

Jeden einzelnen Tag
sieh als ein einzelnes Leben an.

Lucius Annaeus Seneca

Zu allem Großen
ist der erste Schritt der Mut.

Johann Wolfgang von Goethe

※

Es wäre wenig
in der Welt unternommen,
wenn man nur immer
auf den Ausgang gesehen hätte.

Gotthold Ephraim Lessing

※

Warum hast du wider alles Hoffen
noch niemals mitten ins Schwarze getroffen?
Weil du's nicht lassen konntest,
beim Zielen immer ins Publikum zu schielen.

Emanuel Geibel

※

Der Zweifel an dem Siege
entschuldigt nicht das Aufgeben des Kampfes.

Marie von Ebner-Eschenbach

Man kann viel,
wenn man sich nur recht viel zutraut.

Wilhelm von Humboldt

※

> Verbunden sind wir
> stark und unwandelbar,
> im Schönen wie im Guten,
> über alle Gedanken hinaus
> im Glauben
> und im Hoffen.
>
> *Diotima*

※

Wer nichts wagt,
der darf nichts hoffen.

Friedrich von Schiller

※

Solange einem Kranken Atem innewohnt,
gibt es Hoffnung.

Cicero

Ein Mensch, der sich des Vernunftgebrauches
erfreut, kann nicht glauben, hoffen und lieben,
wenn er es nicht will; und er kann nicht zur
Siegespalme gelangen, zu der Gott ihn beruft,
wenn er nicht freiwillig darauf losläuft.

Augustinus

※

Der kleinste Hügel vermag uns die Aussicht
auf einen Chimborasso zu verdecken.

Marie von Ebner-Eschenbach

※

Der Mensch muss lernen,
den Lichtstrahl aufzufangen und zu verfolgen,
der in seinem Inneren aufblitzt.

Ralph Waldo Emerson

※

Alles, was ich erfuhr, ich würzt es mit süßer
Erinnerung, würzt es mit Hoffnung.
Sie sind lieblichste Würze der Welt.

Johann Wolfgang von Goethe

Glaube an dich selbst, Mensch,
glaube an den inneren Sinn deines Wesens,
so glaubst du an Gott
und an die Unsterblichkeit!

Johann Heinrich Pestalozzi

※

Blicke in dein Inneres!
Da drinnen ist eine Quelle des Guten,
die niemals aufhört zu sprudeln,
solange du nicht aufhörst nachzugraben.

Marc Aurel

※

Wenn es einen Glauben gibt,
der Berge versetzen kann,
so ist es der Glaube an die eigene Kraft.

Marie von Ebner-Eschenbach

※

Sobald du dir vertraust, sobald weißt du zu leben.

Johann Wolfgang von Goethe

Die Tiefe der Menschenseele
birgt unergründliche Kräfte,
weil Gott selbst in ihr wohnt.

Franz von Assisi

※

Im Elend bleibt kein anderes Heilungsmittel
als Hoffnung nur.

William Shakespeare

※

Das Alter ist nicht trübe,
weil darin unsere Freuden,
sondern weil unsere Hoffnungen aufhören.

Jean Paul

※

Hoffung und Furcht
sind untrennbar.

François Duc de La Rochefoucauld

Oft schlägt Erwartung fehl
und dann zumeist,
wo sie gewissen Beistand uns verheißt,
und wird erfüllt,
wo Hoffnung längst erkaltet,
wo Glaube schwand
und die Verzweiflung waltet.

William Shakespeare

※

Schaff' das Tagwerk meiner Hände,
hohes Glück, dass ich's vollende!
Lass, o lass mich nicht ermatten!
Nein, es sind nicht leere Träume:
Jetzt nur Stangen, diese Bäume.

Johann Wolfgang von Goethe

※

Und ich habe mich so gefreut!, sagst du vorwurfsvoll, wenn dir eine Hoffnung zerstört wurde. Du hast dich gefreut – ist das nichts?

Marie von Ebner-Eschenbach

Mut und Liebe haben eines gemeinsam:
Beide werden von der Hoffnung genährt.

Napoleon Bonaparte

※

Hoffnung ist wie ein Pfad.
Am Anfang existiert er noch nicht,
er entsteht erst, wenn viele Menschen
den gleichen Weg gehen.

Lu Xun

※

Da wo du bist, wo du bleibst, wirke,
was du kannst, sei tätig und gefällig
und lass dir die Gegenwart heiter sein.

Johann Wolfgang von Goethe

※

Eine der Wirkungen der Furcht ist es,
die Sinne zu verwirren und zu machen,
dass uns die Dinge anders erscheinen
als sie sind.

Miguel de Cervantes

Gib jedem Tag die Chance,
der schönste deines Lebens zu werden.

Mark Twain

※

Denn überall, wo größere Hoffnungen sind,
da findet auch heftiger Neid statt,
gefährlicherer Hass
und heimtückischere Eifersucht.

Lukian von Samosata

※

Nichts ist so hoffnungslos,
dass wir nicht Grund
zu neuer Hoffnung fänden.

Niccolò Macchiavelli

※

Gegen das Fehlschlagen eines Plans
gibt es keinen besseren Trost
als einen neuen zu machen.

Jean Paul

Keine Hoffnungslosigkeit
soll deinen Geist bedrücken.
Kein Klagen und Murren
komme über deine Lippen.
Vielmehr strahle dein Gesicht frohen Mut aus.
Heiterkeit herrsche in deinem Gemüt,
und aus deinem Mund klinge Danksagung.

Petrus Damiani

※

Hoffe nicht ohne Zweifel
und zweifle nicht ohne Hoffnung.

Seneca

※

Lass ab von diesem Zweifeln, Klauben,
vor dem das Beste selbst zerfällt,
und wahre dir den vollen Glauben
an diese Welt trotz dieser Welt.

Theodor Fontane